Friends
me and you

This book belongs to...

marlis huebner ★ **melba highley**

About Me

My Photo

Name _____

Birthdate _____

Age

My family _____

My city _____

My school _____

What I do best _____

_____

_____

My Favorite Things

Color _____

Book _____

Toy _____

Food _____

Animal (draw it here)

TREASURE MAP

This is special about me...

_____

_____

_____

Friends are special because...

_____

_____

_____

When I grow up I will be...
(draw your picture)

My own friendship flag design

I wish for my friends...

SIGNED BY MY
THUMB PRINT

I Am Happy We Are Friends!

My Photo

Name _____

Birthdate _____

Age

My family _____

My city _____

My school _____

What I do best _____

_____

_____

My Favorite Things

Color _____

Book _____

Toy _____

Food _____

Animal (draw it here)

This is special about me...

_____

_____

_____

This is what I like about you...

_____

_____

_____

When I grow up I will be...
(draw your picture)

My own friendship flag design

My wish for you is...

SIGNED BY MY
THUMB PRINT

I Am Happy We Are Friends!

My Photo

Name _____

Birthdate _____

Age

My family _____

My city _____

My school _____

What I do best _____

_____

_____

My Favorite Things

Color _____

Book _____

Toy _____

Food _____

Animal (draw it here)

This is special about me...

_____

_____

_____

This is what I like about you...

_____

_____

_____

When I grow up I will be...
(draw your picture)

My own friendship flag design

My wish for you is...

SIGNED BY MY
THUMB PRINT

I Am Happy We Are Friends!

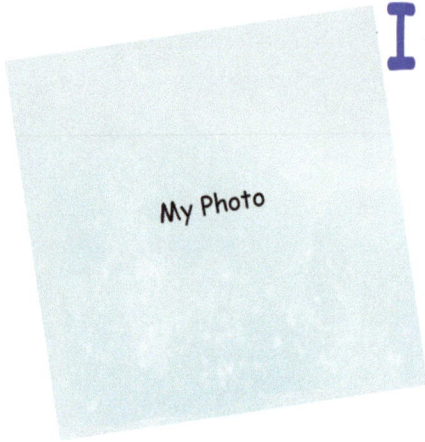

My Photo

Name _____

Birthdate _____

Age

My family _____

My city _____

My school _____

What I do best _____

_____

_____

My Favorite Things

Color _____

Book _____

Toy _____

Food _____

Animal (draw it here)

This is special about me...

_____

_____

_____

This is what I like about you...

_____

_____

_____

When I grow up I will be...
(draw your picture)

My own friendship flag design

My wish for you is...

SIGNED BY MY
THUMB PRINT

I Am Happy We Are Friends!

My Photo

Name _____

Birthdate _____

Age

My family _____

My city _____

My school _____

What I do best _____

_____

_____

My Favorite Things

Color _____

Book _____

Toy _____

Food _____

Animal (draw it here)

This is special about me...

_____

_____

_____

This is what I like about you...

_____

_____

_____

When I grow up I will be...

(draw your picture)

My own friendship flag design

My wish for you is...

_____

_____

_____

_____

SIGNED BY MY
THUMB PRINT

I Am Happy We Are Friends!

My Photo

Name _____

Birthdate _____

Age

My family _____

My city _____

My school _____

What I do best _____

_____

_____

My Favorite Things

Color _____

Book _____

Toy _____

Food _____

Animal (draw it here)

This is special about me...

_____

_____

_____

This is what I like about you...

_____

_____

_____

When I grow up I will be...
(draw your picture)

My own friendship flag design

My wish for you is...

SIGNED BY MY THUMB PRINT

I Am Happy We Are Friends!

My Photo

Name _____

Birthdate _____

Age

My family _____

My city _____

My school _____

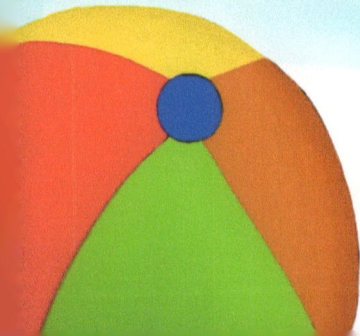

What I do best _____

_____

My Favorite Things

Color _____

Book _____

Toy _____

Food _____

Animal (draw it here)

This is special about me...

_____

_____

_____

This is what I like about you...

_____

_____

_____

When I grow up I will be...
(draw your picture)

My own friendship flag design

My wish for you is...

SIGNED BY MY
THUMB PRINT

I Am Happy We Are Friends!

My Photo

Name _____

Birthdate _____

Age

My family _____

My city _____

My school _____

What I do best _____

_____

_____

My Favorite Things

Color _____

Book _____

Toy _____

Food _____

Animal (draw it here)

This is special about me...

_____

_____

_____

This is what I like about you...

_____

_____

_____

When I grow up I will be...
(draw your picture)

My own friendship flag design

My wish for you is...

SIGNED BY MY
THUMB PRINT

I Am Happy We Are Friends!

My Photo

Name _____

Birthdate _____

Age

My family _____

My city _____

My school _____

What I do best _____

_____

_____

My Favorite Things

Color _____

Book _____

Toy _____

Food _____

Animal (draw it here)

This is special about me...

_____

_____

_____

This is what I like about you...

_____

_____

_____

When I grow up I will be...
(draw your picture)

My own friendship flag design

My wish for you is...

SIGNED BY MY
THUMB PRINT

I Am Happy We Are Friends!

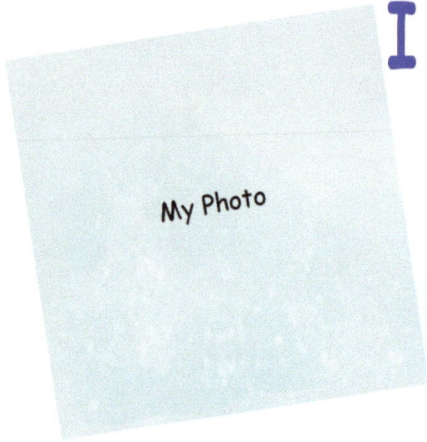

My Photo

Name _____

Birthdate _____

Age

My family _____

My city _____

My school _____

What I do best _____

_____

_____

My Favorite Things

Color _____

Book _____

Toy _____

Food _____

Animal (draw it here)

This is special about me...

_____

_____

_____

This is what I like about you...

_____

_____

_____

When I grow up I will be...
(draw your picture)

My own friendship flag design

My wish for you is...

SIGNED BY MY
THUMB PRINT

I Am Happy We Are Friends!

My Photo

Name _____

Birthdate _____

Age

My family _____

My city _____

My school _____

What I do best _____

_____

_____

My Favorite Things

Color _____

Book _____

Toy _____

Food _____

Animal (draw it here)

This is special about me...

_____

_____

_____

This is what I like about you...

_____

_____

_____

When I grow up I will be...
(draw your picture)

My own friendship flag design

My wish for you is...

SIGNED BY MY THUMB PRINT

I Am Happy We Are Friends!

My Photo

Name _____

Birthdate _____

Age

My family _____

My city _____

My school _____

What I do best _____

_____

_____

My Favorite Things

Color _____

Book _____

Toy _____

Food _____

Animal (draw it here)

This is special about me...

_____

_____

_____

This is what I like about you...

_____

_____

_____

When I grow up I will be...
(draw your picture)

My own friendship flag design

My wish for you is...

_____

_____

_____

_____

SIGNED BY MY
THUMB PRINT

I Am Happy We Are Friends!

My Photo

Name _____

Birthdate _____

Age

My family _____

My city _____

My school _____

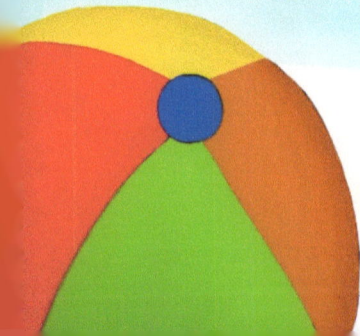

What I do best _____

_____

_____

My Favorite Things

Color _____

Book _____

Toy _____

Food _____

Animal (draw it here)

This is special about me...

_____

_____

_____

This is what I like about you...

_____

_____

_____

When I grow up I will be...
(draw your picture)

My own friendship flag design

My wish for you is...

_____

_____

_____

_____

SIGNED BY MY
THUMB PRINT

I Am Happy We Are Friends!

My Photo

Name _____

Birthdate _____

Age

My family _____

My city _____

My school _____

What I do best _____

_____

_____

My Favorite Things

Color _____

Book _____

Toy _____

Food _____

Animal (draw it here)

This is special about me...

_____

_____

_____

This is what I like about you...

_____

_____

_____

When I grow up I will be...
(draw your picture)

My own friendship flag design

My wish for you is...

_____

_____

_____

_____

SIGNED BY MY
THUMB PRINT

I Am Happy We Are Friends!

My Photo

Name _____

Birthdate _____

Age

My family _____

My city _____

My school _____

What I do best _____

_____

_____

My Favorite Things

Color _____

Book _____

Toy _____

Food _____

Animal (draw it here)

This is special about me...

_____

_____

_____

This is what I like about you...

_____

_____

_____

When I grow up I will be...
(draw your picture)

My own friendship flag design

My wish for you is...

_____

_____

_____

_____

_____

SIGNED BY MY THUMB PRINT

I Am Happy We Are Friends!

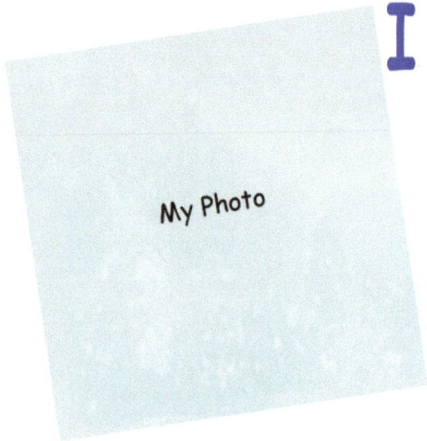

My Photo

Name _____

Birthdate _____

Age

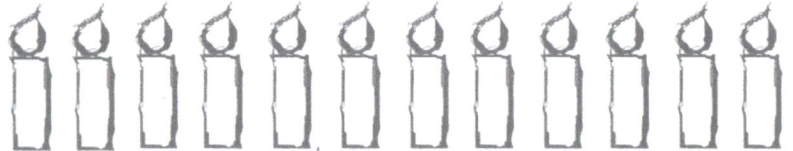

My family _____

My city _____

My school _____

What I do best _____

_____

_____

My Favorite Things

Color _____

Book _____

Toy _____

Food _____

Animal (draw it here)

This is special about me...

_____

_____

_____

This is what I like about you...

_____

_____

_____

When I grow up I will be...
(draw your picture)

My own friendship flag design

My wish for you is...

SIGNED BY MY THUMB PRINT

I Am Happy We Are Friends!

My Photo

Name _____

Birthdate _____

Age

My family _____

My city _____

My school _____

What I do best _____

_____

_____

My Favorite Things

Color _____

Book _____

Toy _____

Food _____

Animal (draw it here)

This is special about me...

_____

_____

_____

This is what I like about you...

_____

_____

_____

When I grow up I will be...
(draw your picture)

My own friendship flag design

My wish for you is...

SIGNED BY MY
THUMB PRINT

www.ingramcontent.com/pod-product-compliance
Lightning Source LLC
Chambersburg PA
CBHW061055090426
42742CB00002B/50